I0842943